काव्यविहार

कनक की कवितायें - ५१

कनक गायत्री

ISBN 979-888606599-2

क्रम-सूची

क्रम-सूची

क्रम-सूची

1. वसंत

किसीके वसंत में शरीक तभी होना
जब पत्झड़ में उसके साथ रहोगे।

किसीसे वादें तभी करना
जब उन्हें निभाने की हिम्मत रखोगे।

दिन में सौ दिए भी अपनी मौजूदगी नहीं जता पाते
और अँधेरे में एक जुगनू की रोशनी ही काफी होती है।

क्यूंकि अच्छे समय में तो हज़ारों इर्द-गिर्द मंडराते है
पर शुभचिंतक वही हैं, जो बुरे समय में मदद का हाथ आगे
बढ़ाते हैं।

अपना उल्लू सीधा करना बहुतेरे जानते हैं
पर कुछ लोग इंसानियत के उसूल भी मानते हैं।

ज़रूरत के वक़्त पर अब तब करने वाले सैकड़ों हैं ज़माने में
बहुमूल्य तो वो हैं जो बारिश में आपका छाता बन जाए,
और गरीबी में छत।

2. व्यक्तित्व

बंदूकों का लोगों के ज़हन में इतना खौफ़ है
कि उसका नाम सुनकर ही सब खौफसदा हो जाते है।

पिस्तौल में गोलियां हो न हो
पर उसे देखने भर से ही सबके होश उड़ जाते है।

व्यक्तित्व ऐसा होना चाहिए
कि संपत्ति हो न हो,

वक्त साथ दे न दे,
पर रुतबा कम न हो।

क्योंकि ताकत कभी भी तलवार में नही होती
उसे चलाने वाले की बाज़ूओं में होती है।

जैसे कुर्सियां सारी एक सी ही होती है
उस पर बैठने वाला उसकी हैसियत तय करता है।

3. लंबी रेस का घोड़ा

सब कहते थे तू लंबी रेस का घोड़ा नहीं
कुछ हासिल कर दिखाए,
लोग जिसके लिए तालियां बजाए, तू ऐसा दौड़ा नहीं।

शतरंज में सिर्फ रानी का राज चलता है
राजा भी उसीकी उंगलियों पर नाचता है
उसे वही सुहाता है जो उसके राग गुनगुनाता है!

घोड़े का मौजूद होना उसे खटकता है
मानो निवाले में उसके वो कांटे सा अटकता है
उसकी काबिलियत पर उसे हमेशा शक रहता है।
पर जब घोड़ा राजा को जिताता है, तब वो समझदार कहलाता है।
जो ढाई ही सही पर चाल समझदारी से चले, उसे लंबी रेस का घोड़ा माना जाता है।

4. सूरज

सूरज है झाँका बादलों के पीछे से
आता है शायद पहाड़ों के नीचे से

चिड़ियों की चहचहाहट अलार्म मेरा पुराना
बताती है मुझे कि उठ गया सारा ज़माना।
उसकी किरणों ने मुझ पर सुनहरे तीर चलाये
इनके छूते ही सब मुस्कुराए।

उजाले की मनमोहक वर्षा में सब भीग उठे
फूल, पत्ति, पेड़, पहाड़ सब खिल उठे।
सारे नैसर्गिक जीव नहाकर जैसे तरोताज़ा हो गए
इस धूप के स्नान से सब उत्तेजित हो गए।

किरणों का कुछ हिस्सा मेरे दरवाज़ों पर दस्तक देने आया
मेरी खिड़कियां खटखटाने लगा।
पर्दों को हटाकर जब मैंने उससे पूछा
' क्यों आई हो इतनी सुबह, नींद में रूकावट बनकर मेरी?'

हथेलियों को छूकर बोली मुझसे
'क्यूंकि अलार्म के बजने पर भी, भोर में उठी नहीं सखी
मेरी।'
घोड़े बेचकर ही नहीं कान गिरवी रखकर भी सोती हो तुम
मैं ना रहूं, तो दिन से तुम्हारे सुबह हो जाएगी गुम।

सीधे दोपहर में आँख खोलने वाले लोगों की खातिर
बनठन कर उनकी खिड़की पर छह बजे हो जाती हूँ हाज़िर।
शांत रहो और मुझे माफ़ करो, दिन की शुरुआत इन तानों
से ना करो
यह कहकर मैंने सारे झरोखें खोले,

और धूप के धुएं में मिश्रित ताज़गी महसूस की
आँगन में बिखरी ऊर्जा समेटी।
यह ख़ुशबूदार रोशनी उल्लास से ओतप्रोत है
पीताम्बर से लिपटा यह बहुमूल्य उर्जास्रोत है
यह अदृश्य आमरस, रहस्यमयी मिठास से भरा है
हवाओं में सकारात्मकता का रंग जो घुला है।

5. ज़िन्दगी

ज़िन्दगी में लोग आते है, जाते है
हंसते है, हंसाते है
कुछ रोते है, रुलाते है
पर सब, कुछ अच्छा सिखा जाते है।

प्रयत्नों के सानिध्य में पलते है
निराशा से लड़ते है
हताशा से झगड़ते है
और निरंतर आगे बढ़ते रहते है।

मुश्किलों से बने पर्वत चढ़ते है
गिरते है, चोटिल होते है
पर वक्त का मरहम लगाकर,
उठ खड़े होते है।
अतीत की यादों को बटुए में समेटकर
उसके अनुभवों को रुपयों की भांति खर्च कर
नई अनुभूतियों को खरीदने का सफर
है जिंदगी।

6. जीत

जीवन के सोपान पर हर अगली सीढ़ी खास और पिछली
आम लगती है
हर बुरा अनुभव अनचाहा एहसास और हर अच्छी अनुभूति
शानदार शाम लगती है।
जो कामयाबियां हम कमाते है
वो हममें आत्मविश्वास जगा जाती है।
जो नाकामयाबियां हमारे हिस्से आती है
वो हमें कुछ नया सिखा जाती है।
समझदार वही है जो हर हार को सीख की तरह
और हर जीत को तोहफ़े की तरह समझे।
क्योंकि सफलता में जितना श्रेय श्रम का है
उससे अधिक किस्मत का है।
हार का सामना करने पर
किसीको निराश नहीं होना चाहिए।
दिन के उजाले का महत्व समझने के लिए रात के अंधेरे
का होना ज़रूरी है
किसीका महत्व महसूस करने के लिए उससे थोड़ा दूर जाना
भी ज़रूरी है।
क्योंकि जीत से थोड़ी दूरी बनाए रखने से
उसे हासिल करने की नई राह दिखाई देती है।

7. गोल दुनिया

जब किसी के दिल में उतरने की चाहत रखते हो
तो फिर क्यों किसी और का दिल दुखाते हो?

प्यार के गीत सुनना चाहते हो
और नफरत के बोल बोलते हो।

यह जो ज़हरीले झरने तुम बहाते है
इनसे तुम दूसरों को क्यों नहलाते हो?

यह दुनिया गोल है, हर चीज़ घूम फिरकर अपनी जगह आ
ही जाती है
तुम्हारे द्वारा उगला विष तुम तक पहुँच ही जाता है।

दर्द जो तुमने दूसरों को कभी दिया था
सूत समेत तुम्हें मिल ही जाता है।

अश्रु जो किसिने तुम्हारे कारण बहाये थे
वो तुम्हारी आँखों का पता ढूंढ ही लेते है।

तुम जिसका बुरा सोचते हो हमेशा वही तुम्हारा बुरा नहीं
करता, कई मरतबा
जो बुराई का कूड़ा तुम किसी पर फेंकते हो, वो कोई दूसरा
तुम पर फेंक कर चला जाता है।

8. चाय

नशा, आदत, या शौक
कुछ भी कहे हुज़ूर।

घर हो या चौक
वक़्त पर चाहिए ज़रूर।
जुबां का यह फितूर
इसमें मेरा क्या कुसूर?
सुबह सवेरे वो चिड़ियों की चहक
जब हवाओं में घुलती इन पत्तियों की महक।
चीनी और अदरक को इस घोल में शामिल करना
है जैसे थकावट मिटाने का अमृत बनाना।
इसकी चुस्कियाँ लेना चाहे सब
फिर चाहे उनके पास हो कुल्हड़ या कप।

9. कोयल

मीठी आवाज़ से सबका मन मोह लेती है
आम के पेड़ पर रियाज़ कर लेती है।

यह सर्वश्रेष्ठ गायिका
है पक्षियों की सुर साम्राज़ी।

माना उसकी मधुर वाणी में शहद का स्वाद है,
पर फिर भी उसकी एक आदत तो मज़ीद खराब है।

दूसरों के घोसलों में वो अपने अंडे देती है
उनके अंडों से अपने अंडे बदलती है।

मैंने प्रश्न पूछा उससे, अपनी तसल्ली के लिए
तुम परजीवी क्यों हो? इतनी पत्थर दिल क्यों हो?

मेरे प्रश्नों को अनसुना कर, मुझे अनदेखा कर गई
उसकी हरकतों की गूंज मुझे चंद बातें समझा गई।

कोयल खुदगर्ज़ होती है
यह उसकी फितरत है।

और आदतें भले ही बदल जाए
पर किसीकी फितरत कभी नहीं बदलती।

10. फ़तह

प्रसिद्धि प्राप्त करने के लिए
सफल होने के लिये
लम्बा सफर तय करना पड़ता है
अपने गंतव्य तक पहुंचना पड़ता है।

जोखिम उठाने से पीछे हटना
मेहनत न करने के बहाने बनाना
हमारी काबिलियत पे सवाल उठाता है
हम पर बुज़दिल होने की मोहर लगाता है।

हारने का डर है?
आत्मविश्वास कम है?
तो जीत की ख़ुशी जीत से पहले महसूस करो
उसे प्रेरणा बनाकर हर मैदान फ़तह करो।

11. आलू की सब्ज़ी

मैंने आज आलू की सब्ज़ी बनाई
प्लेट सजाकर हॉल में रख आई।
माँ, दादी, पापा, दीदी, भैया, चाचा, चाची सबने चखी
पर सबके चेहरे पर मुस्कान न दिखी।

माँ बोली थोड़ी फीकी है
चाची बोली थोड़ी तीखी है,
दादी बोली नमक नहीं है स्वादानुसार
दीदी बोली इससे तो अच्छा मैं खा लूं अचार।

चाचा ने कहा छोड़ना मत तुम आस
राहुल भैया बोले "मुझे तो अच्छे लगे तेरे प्रयास"
पापा ने मेरी पीठ थपथपाई
मुझे लगा मेरी मेहनत रंग लाई।

'तेरी माँ तीखा खाती है और चाची फीका,
दादी को नमक कम चाहिए दीदी को ज़्यादा
गलती तेरी नहीं थी, यह सब्ज़ी मेरे और राहुल के लिए ही
बनी थी
सब्ज़ी में कोई कमी नहीं थी, बस सभी घरवालों के हिसाब
से नहीं बनी थी।
यह कविता एक बहुत बड़ा संदेश देती है। इस कविता में
अनुप्रिया ने जो आलू की सब्ज़ी बनाई है, उसका स्वाद

उसके पिताजी और भैया को काफी अच्छा लगता है किंतु अन्य परिजनों को उसमें खामियां नज़र आती है।

जो भी कार्य हम करते हैं, वो **सबकी** तारीफों का हकदार नहीं बन सकता।

पर इसका मतलब यह नहीं है की उसके कद्रदान इस दुनिया में मौजूद ही नहीं है।

12. सफलता

सुंदरता केवल स्वच्छ जगह ही उपस्थित नहीं रहती
कमल तो कीचड़ में भी खिल सकता है।

आज की तारीख में कमल देश पर राज कर रहा है
एक साधारण मनुष्य असाधारण कार्य कर रहा है।
आप किस राज्य के, किस जिले के, किस शहर के, किस
कस्बे या गली से हो,यह मायने नहीं रखता
जब आप लक्ष्य प्राप्ति का दृढ़ निश्चय कर लेते है।

मेहनत के हज़ारों खत जब आपके नाम से ऊपरवाले के
ठिकाने पहुंचते है
तो किस्मत डाकिया बनकर सफलता का संदेश लिए, आपका
दरवाज़ा खटखटाती है।

क्योंकि सफलता पाने के लिए
घर नहीं, इरादे पक्के होने चाहिए।

आवाज़ भले न सही
पर हौसलें बुलंद होने चाहिए।

13. शिक्षक

चॉक और डस्टर है जिसके हमदम
उनके कद्रदान है इस दुनिया में बहुत कम।

देश को अनगिनत डॉक्टर, पायलट, सरकारी अफसर देने
वाले
कम तनख्वाह में करोड़ों का पाठ पढ़ाने वाले।

ज्ञान के सदुपयोग का माध्यम बताने वाले
महान मार्गदर्शक है शिक्षक।
निडर होकर अपनी बात रखना
साथ ही अपने बड़ों का सम्मान करना।

छोटी- छोटी उपलब्धियों पर प्रोत्साहित करना
हर जीत को अपने जीवन के महत्वपूर्ण पन्ने पर लिखना।

आत्मविश्वास को घमंड न बनने देना
यह समझाने वाले दिव्य मानव है अध्यापक।

14. प्रतिबिंब

नदी, तालाबों का रंग नहीं होता
फिर भी कुछ नीले तो कुछ हरे दिखाई देते है।

आसमान और पेड़ों का प्रतिबिंब छप जाने से
उनका स्वरूप है बदलता।

उनकी सतह पर मौजूद पत्थरों का रंग भी
उनकी पहचान है बन जाता।

कभी सूरज की लालिमा से भी
उनका रंग है बदलता।

हमारा स्वभाव भी दूसरों के स्वभाव का प्रतिबिंब है
वो भी दूसरों का रंग अपनाता है।

नेक दिलवालों से अच्छा होता है
और कपटियों से बुरा।

उपरी तौर पर हम जो भी देखें
असलियत तो गहराई में छिपी होती है।

लोगों की बातों की रोशनी जब हमारे मन पर पड़ती है
तो उसी तरह की तरंगे बोल बनकर उन तक पहुंचती है।

कनक गायत्री

15. किताब

अगर मेरी ज़िंदगी एक किताब है
तो अभी लिखा जा रहा लफ़्ज मेरा वर्तमान है।
पिछले पन्ने मेरे अतीत की परछाई से भरे है
और अगले पन्नों में मेरे भविष्य के लेख होगे।
मैं पिछले पन्नों के हिस्से फाड़कर या जलाकर उनके
अस्तित्व को झुठला नहीं सकती
क्योंकि उनकी मौजूदगी का सबूत तो मेरे ज़हन में बहती
यादों की तरंगों में है।

लिखे जा रहे शब्दों में कम से कम त्रुटियां करना मेरा काम
है
क्योंकि विरंजक लगाकर गलतियों पर पर्दा डाल भी दिया
जाए,
तब भी त्रुटियां पूरी तरह से नहीं मिट सकती, ना छिप
सकती है।
तो मेरा फ़र्ज़ है,
अतीत को अपनाकर, वर्तमान को बेहतर बनाना
और भविष्य के लेख बेहतरीन सलीके से लिखना।

16. यात्री

यह दुनिया एक रेल है
और हम सब यात्री।

किस्मत कर्मों का खेल है
और हम कर्म करते शरणार्थी।

जिस स्टेशन से हम ट्रेन में चढ़ते है
वही से ज़िन्दगी में अपना पहला कदम रखते है।

यह सफर बेमिसाल है
यहां बीता हर पल एक खूबसूरत ख्याल है।

यात्री आते जाते रहते हैं
पर ट्रेन कभी बंद नहीं होती।

रुकती भी है तो बस थोड़ी देर
वो भी सिर्फ उनके लिए जिनके अपनों का सफर खत्म हुआ
है।

सुनहरी और खिलखिली धूप खिड़कियों से हमें गले लगाती
है
पर जब रेल सुरंगों से गुज़रती है तो अंधेरा लाती है।

एक-एक करके हर डिब्बे के यात्रियों के हिस्से अंधेरा आता
है,
क्योंकि सुख थोड़ी देर के लिए सबका साथ छोड़ता है।

17. उम्मीद

सुना है उम्मीद पर दुनिया कायम है
पर किसीसे उम्मीद लगाना तो दुख का कारण है।

आवेदन देने पर नियुक्ति की उम्मीद
स्पर्धा में भाग लेकर जीतने की उम्मीद।

कठिन परिक्षा में उत्तीर्ण होने की उम्मीद
चुनाव में खड़े रहकर चुने जाने की उम्मीद।

संघर्ष करने पर प्रसिद्धि की उम्मीद
प्रयास करने पर सफलता की उम्मीद।

व्यापार में मुनाफा होनी की उम्मीद
जिंदगी से खुशियों की बरसात की उम्मीद।

उम्मीद जितनी निराशा देती है
उतनी ही आस, आशा देती है।

आशावादी लोग प्रयत्नों में विश्वास रखते है
कर्म करते है और फल की चिंता नहीं करते।

ज़िन्दगी के व्यापार का उसूल अलग है
उसके आदान-प्रादान की क्रिया अन्नुमेय है।

18. दिखावा

सुंदरता आँखो को सुहाती है,
मधुर आवाज़ कानों को भाती है।
मनमोहक खुशबू दिलों को गुदगुदाती है

इसी कारण समाज में दिखावा पनपता है।

इत्रों के दाम है पानी से ज़्यादा
लोग जानते नहीं, जीवन के शतरंज में, सेहत रानी होती है
और स्वाद प्यादा।
सादगी की कीमत नहीं है,
ज्ञान की एहमियत नहीं हैं
आज, खादी पहना विद्वान नहीं और सूट-बूट वाले से कोई
महान नहीं।

19. हरफन मौला, हरफन अधूरा

दो नावों पर पैर रखना
है अपने सुकून को जोखिम में डालना।
हाथ और पैर भले ही हमें भगवान ने दो दिए है
पर दिमाग एक ही है हमारे पास।
१०० आम चीज़े करने से बेहतर है
कुछ एक ही कर ले, जो हो खास।
क्षमता भले ही हममें बहुतेरे काम करने की हो
पर एक्सपर्टीज़ हमें किसी एक में ही हासिल हो सकती है।
मल्टीटास्कर होना भले ही एक खूबी है
पर गोल ओरिएंटेड होना सबसे बड़ी समझदारी है।
एक वक्त पर हमसे कोई एक ही काम बेहतर तरीके से हो सकता है
सौ सोने के सिक्कें संजोने के बजाय एक हीरा हासिल करे,
वो ज़्यादा कीमती होता है।

20. मुद्रा

एक रात बीतने के बाद, धरती को रोशनी ने छुआ है
कई घंटों के इंतज़ार के बाद, उनकी भेंट हुई है
उन दोनों को यह भेंट मुबारक।

एक साल तक धीरज रखने के पश्चात
पानी की बूंदों ने हरियाली को खिलखिलाया है
इस सुंदर संगम को यह मुलाक़ात मुबारक।

कड़ी मेहनत करके, नाइन टू फाइव एक सा बैठकर
३० दिन की तपस्या के बाद
१ तारीख को हर कर्मचारी को वेतन मिलती है
उस हर शख़्स को उसकी तनख्वाह मुबारक।

हर रोज़ शाला जाकर, एक- एक पाठ समझकर
सारे विषयों की परीक्षाओं की तैयारी होती है साल भर
पूरे वर्ष की पढ़ाई और संघर्ष का नतीजा आता है, अंकों के
रूप में
हर उस मेहनती विद्यार्थी को उसका रिज़ल्ट मुबारक।
*किसी भी प्रकार की ख़ुशी, इंतज़ार और मेहनत का फल
होती है। यही वो मुद्राएं होती है जो प्रसन्नता को खरीद
सकती है।*

21. बेज़ुबान

अपनी तकलीफों को हम शब्दों में बयां कर सकते हैं
अपने दर्द का इलाज ढूंढ सकते है।

पर बेज़ुबान, ऐसा नहीं कर सकते
न कुछ कह सकते है, न बयां कर सकते है।

चाहकर भी हम उनकी पीड़ा नहीं समझ सकते
उनके घावों का उपचार नहीं कर सकते।

पर अपने मनोरंजन के लिए उन्हे सताना तो बंद कर ही
सकते है
चिड़ियाघर में कैद न करके उन्हें शो-बीस बनने से रोक ही
सकते है।

कृत्रिमजलाशय में रहकर मछली जल की रानी नहीं रह जाती
बंध जाती है कांच की दीवारों के दायरों में।

सांस तो ले पाती है
पर दम उसका फिर भी घुटता है।

भावनाएं हर जीव में होती है
उन्हें व्यक्त जो नही कर पाते, प्रेम की भाषा वो भी समझते
है।

किसी भी पशु को धुतकारना, उसे सताना
यह जताना कि उसकी संवेदनाओं का कोई मोल नहीं है,
अनुचित है।

22. कलम

कलम मेरी ज़ुबान है, मेरा हथियार है
मैं इस जगतरूपी रणभूमि में निःशस्त्र थी, कमज़ोर थी।
फिर मैंने कुछ लेख पढ़े
जिनसे मैंने अक्षरों का महत्व जाना।

बातों से ही ये दुनिया चलती है
सही शब्दों का चुनाव, नेताओं को चुनाव जितवा देता है।
परिक्षा में लिखा सटीक उत्तर
एक विद्यार्थी को अफसर बना देता है।

वाक्यपटुता एक छोटे व्यापारी को 'बिज़नेसमैन'
और एक बिज़नेसमैन को मिलियनेयर बना देती है।
पर आज भी ज़ुबान हमसे वो बुलवाती है जो दुनिया सुनना
चाहती है
जबकि कलम हमसे वो लिखवाती है जो हम लिखना चाहते
है।

23. पागल

यह दुनिया हर उस व्यक्ति को पागल कहती है
जो कुछ हटके सोचता है।

कुछ अलग करना चाहता है
कुछ असामान्य कर गुज़रने की हिम्मत रखता है।

जो भीड में नहीं चलता अकेला ही आगे बढ़ता है
जो अनुयायी नहीं, लीडर बनता है।

समर्थन न मिलने पर भी, जो निरंतर कार्य करता है
लक्ष्यप्राप्ति के लिए दिन-रात एक करता है।

हर चुनौती में आशा ढूंढता है
निराशा से कभी घुटने नही टेकता है।

अंधेरे में भी केवल दिए की खोज करता है
पतझड़ में भी सिर्फ नए जीवन की उम्मीद देखता है।

24. पेड़

ईर्ष्यालु प्रवृत्ति त्यागना, दयालु और कृपालु बनना
आसान नहीं है।
परोपकार करना, सबका भला सोचना
क्या सिर्फ किताबी बातें है?

हर बड़ा पेड़, छोटे पौधे को सहारा देता है
भविष्य में उसका कद बड़ा हो जायेगा,
वो मुझसे भी ऊंचा हो जायेगा
यह सोचकर, वो अपने कर्तव्य से पीछे नहीं हटता है।

दयावान बनकर पनाह देता है
उसकी हर प्रकार से सहायता करता है
उसकी प्रगति से प्रसन्न होता है ईर्ष्या के वशीभूत नहीं होता
है।

हमें दूसरों के लिए ऐसा पेड़ बनना चाहिए
क्योंकि जब हम पौधे थे, तब कोई हमारे लिए भी ऐसे ही
पेड़ बना था।

25. निरिक्षण

प्रयत्नों में हुई त्रुटि
है दिल के दराज़ों में सिमटी।

घने अंधकार की भाँति छाया संशय
मालूम ही नही था मुझे आशा का आशय।

मन में जो मेरे इतना संकोच है
लगता है जैसे मेरे मनोबल में मोच है।

औरों के विचारों का मस्तिष्क पर बढ़ता प्रभाव
बनता है कारण आत्मविश्वास के अभाव का।

इनसे बनता है हमारे व्यक्तित्व का धुँधला प्रतिबिंब
जिससे नहीं बनना चाहिए स्तंभ हमारे विचारों का।

त्यागने हेतु यह निरूपयोगी प्रकृति
अपनानी होगी हमें निरिक्षण की संस्कृति।
क्योंकि निरिक्षण से ही टूटता है भ्रम कमज़ोर होने का
और जागता है विश्वास काबिल होने का।

26. चांदनी

इत्र की खुशबू सी छत पर बिखरी चांदनी
सुर, ताल और धुन के मेघों वाली रागिनी।

जन्मी हो जैसे शांतता और पवित्रता की नंदिनी
लेखकों के लिए तो एक भावना है यह सुहासिनी।

यूं तारिकाओं को निहारना
कुमुदिनी की जुल्फें संवारना।

चांद की खूबसूरती को सराहना
क्या सच में आसमान की शराफत है?

नीले अम्बर और समंदर का एक सा दिखना
क्या वाकई कोई इतेफाक है?

बादलों से जब चांद ढक जाए
चांदनी से झांके बिना रहा ना जाए।

सफेद रंग के झरने की धारा सी बहती
सबके सुकून का ध्यान है रखती।

27. सरिता

अपनी आज़ादी की खुशी में झूमती
लहराती फसलों को निहारती
हरियाली से हाथ मिलाती
तैरती मछलियों को गोद में खिलाती।

लोह-पथ-गामिनी सी उन यात्रियों को गंतव्य तक पहुंचाती
गांव, शहर, वन, वाटिका से गुज़रती
नौकाओं के नाविकों की जीविका बन जाती
अपनी स्वतंत्रता पर इतराती।
एक पड़ाव के बाद अपनी सहेलियों से मिलती
इस संगम से, दोहरे जज़्बातों का मुआईना करती
उसे अपनी सखियों से मिलने की खुशी महसूस होती
मगर अपने अस्तित्व को खोने का ग़म भी होता।

संगम होने के बाद नदियां अपने नाम से नही जानी जाती
पर यह सरिताऐं समझदार है,
तभी तो पहचान खोने के डर से अपने वादे से पीछे नहीं
हटती।
आज के युग में कला के क्षेत्र में अपनी पहचान खो देने
के डर से कुछ लोग साथ मिलकर काम करने से झिझकते
है। यह सरिताएं हमे सिखाती है कि एक अच्छी प्रस्तुति के
लिए साथ काम करने में कोई बुराई नहीं है।

28. ज़िद

कोरे पन्ने खुद को बदनसीब मानते है
कि उन्हें किसीकी लेखनी ने चुना नहीं।

पर वो तो खुशनसीब होते हैं
कि उनपर किसका हक़ नही।

स्याही, पन्नों पर अपने नाम की मोहर लगाती है
लेखनी उसपर वो लिखती है जो वो चाहती है।

कोरा कागज़ चुने जाने का इंतज़ार करता है
पर वो यह नहीं जानता कि कोरा रहने से ही उसका वजूद
है।

हम भी कई दफा किसिकी पसंद बनने की आशा रखते है
अपने कोरे कागज़ पर किसिकी लिखावट देखने की राह
देखते है।

पर ये भूल जाते है कि काम हो जाने पर
लिखे हुए कागज़ रद्दी में जायेगे।

समोसे कचौरियों की प्लेट बनेगे
और अफसोस, एक दिन कूड़ेदान में भी शामिल होगे।

इसीलिए किसी भी लेखनी के स्पर्श को तरसना
एक बचकानी ज़िद है, जिसका पूरा होना, पछतावे को न्योता
है।

29. डाकिए

पापा माँ को कुर्ती नहीं खरीदने देते
और मां मुझे स्कर्ट नहीं पहनने देती।

मौसी तो सलवार बस निहार ही सकती है
और दीदी भी सिर्फ दोस्तों के ही गिटार बजा सकती है।

बुआ को पेंसिल हील्स सिर्फ सपनो में ही पहनने मिलती है

और भाभी की फेवरेट जीन्स भी कभी उनकी अलमारी तक
नहीं पहुँचती है।
सुहानी को भी घुंघरू पॉकेट मनी से किराए पर लेने पड़ते है

पैसे होकर भी यह सब वस्तुएँ कभी बाज़ार से घर नहीं आती
है।

चीज़ें यह कोसो दूर नहीं है पर फिर भी सफर तय करना है
इन्हें मीलों का
क्योंकि सामना करना है इन्हें बहुत सी मुश्किलों का।

अपनानी है नई सोच, इन्हें खरीदकर
तोड़नी है रूढ़िवादी धारणाएं, इन्हें दराज़ों में सजाकर।

संदेसे पहुंचाने वाले डाकिए, देवदूत माने जाते थे

उसी तरह इन अनमोल वस्तुओं को घर तक लाने वाले
फरिश्तें माने जाते है।

मां की कुर्ती, मेरी स्कर्ट और सुहानी के घुंघरू आए है साथ
मौसी के सलवार के
बुआ की हील्स और भाभी की जीन्स आई है साथ दीदी की
सुरमई तलवार के।

झिझक के कारण हम जा न पाए मॉल और वॉलमार्ट
पर समान घर दे गए अमेज़न और फ्लिपकार्ट।

इनके डिलिवरी ब्वॉयज़ है आधुनिक डाकिए
खुशियों के दूत है ये ख़ास फरिश्तें।

30. तमन्ना

दूसरों की चिता की आग में रोटियाँ नहीं सेका करते
औरों के सपनों के कंचो से गोटियों नहीं खेला करते।

किसीके ग़म के आंसुओं से अपने खुशियों के खेत नहीं सींचा
करते,
किसकी असफलता की खुशी मनाकर खुद की कामयाबी के
लिए दुआ नहीं करते।

सबकी निंदा करके स्तुति की अपेक्षा नहीं करते
अपनी संस्कृति को सर्वोच्च मानकर, दूसरों की संस्कृति की
उपेक्षा नहीं करते।
उन्नति चाहने वाले औरों की पदावनाती की कामना नही
करते
तरक्की की चाहत रखने वाले कभी दूसरों से मुकाबला नहीं
करते।

खुद पर ध्यान देते हैं और काम करते है
अपनी इष्र्या को आराम देते है।

औरों को पीछे ढकेलकर आगे बढ़ने वाले कभी विजेता नही
होते
दूसरों पर कीचड़ उछालकर खुद की गंदगी साफ़ करने वाले
कभी नेता नही होते।

जीतने की तमन्ना कभी किसीको हराने की लालसा न बन
जाए
सफलता की मंशा कभी परपीड़न की पिपासा न बन जाए।

31. समानता

उपनामों के आधार पर पद निश्चित किए जाते थे
वर्णों के अनुसार मंदिर में दर्शन हेतु प्रवेश दिए जाते थे।

यह तब की बात है जब उम्र नही
जातियों के आधार पर अभिवादन चुने जाते थे।

सफाईकर्मियों का चाहते थे अहित
स्वच्छता का पाठ पढ़ाते पंडित- पुरोहित।

जात-पात और अन्याय को देखकर
चुप न रह सके अंबेडकर।

समानता स्थापित करने की चाह थी
नेकी की उनकी राह थी।

दलितों को दिलाया उन्होंने आदर और अधिकार
पर क्या सच में सही है रिज़र्वेशन का विचार?

लोकतंत्र का उसूल है समानता
फिर अब यह कैटेगरी का भेदभाव क्यों?

जब सब एक समान है
तो शुल्क आसमान क्यों?

गुज़ारिश है कि सभी को बराबर सम्मान मिले
सिफ़ारिश है कि हर दस्तावेज़ से वो प्रश्न हटे, जो जाति या
धर्म पूछे।

32. मुखौटा

दिखावे की दीवार गिराकर, हँसी का मुखौटा उतारकर
सारे नकाबों के पर्दे हटाकर,आईने से रू-ब-रू हुई आज मैं।

धूल की परतों को साफ़ करके
अपना प्रतिबिंब देखने लगी मैं।

अपनी ही आंखों में डूब गई
अपनी झूठी मूरत से ऊब गई।

एक झूठ जीते जीते, अपना सच ही भूल गई
नकली हंसी हंसते हंसते, मैं रोना भी भूल गई।

असली सूरत की तलाश में हूं, अपनी सच्ची तस्वीर की
तलाश में हूं
शीशे सा नाज़ुक अपने जज़्बातों का ज़लज़ला बरसों से
संभाल रही हूं।

कुछ कांच के टुकड़े है मुझे मिले
एक अनकही दास्तान के यह है दर्द भरे सिलसिले।
नॉर्मल और खुश रहने की समाज की इस मांग को पूरा
करते करते, हमने अपनी सच्ची भावनाओं को छुपाने के
लिए, जो मुखौटा आपने पहना है, इस कविता के द्वारा उसे
उतारने की दरख्वास्त है मेरी आप सब से!

33. आंसू

दुखी होने पर रोने की ज़रूरत उतनी ही होती है जितनी
ठंड में कंबल ओढ़ने की और बुखार होने पर दवाई खाने
की।

' छोटे बच्चे के तरह रो मत '
' ऐसे सुबक सुबक कर लडकियां रोती है '

ऐसा सुनकर आंसुओं ने बहने की इजाज़त मांगना शुरू कर
दिया
समाज की नज़रों में रोना जैसे मानो कोई गुनाह हो गया।

जैसे हँसते सब है, वैसे रोते भी सब है
उम्र बढ़ जाने से या मर्द बन जाने से आंसू सूख नही जाते।

भावनाओं को व्यक्त करना हर मनुष्य का अधिकार है
उम्र या लिंग से इसका क्या संबंध?

रोना, कमज़ोर होने की निशानी नहीं है
रोने से, कुछ आंसू बहा लेने से, हम खुश होने के लिए
तैयार होते है।

सारी बुरी भावनाओं को बहाकर
एक नए सिरे से सब शुरू करते है।

34. कामयाबी

कल की कामयाबी खरीदने के लिए आज की कीमती खुशियां
बेचना सही है क्या ?
मुस्कानो को मोतियों की तरह संजोने की परंपरा तुम्हारे
वहां नहीं है क्या?

जीत तो खुशमिजाज़ लोग भी जाते है
उनके सामने कई 'सीरियस' लोग भी हार जाते है।

मुझे त्याहारों में कोई दिलचस्पी नहीं है
क्योंकि मेरे लिए हर लम्हा एक त्योहार है।

हर दूसरे वाक्य में 'काश' कहना
हर छोटी बात की शिकायत करना
किसी समस्या का हल है क्या?

'ऐसा होता, तो मैं वैसा कर लेती'
'मुझे मौका मिलता तो मैं भी सफल होती'
इन बेतुकी बातों में कोई बल है क्या?

किस्मत को कायर कोसते है
सच्चे सेनानी सिर्फ जीत की सोचते है।

हासिल कुछ वही करते है जो होते है आशावादी

और फतह भी उन्ही की होती है जो हो मेहनती।

35. रात

शाम से काली चादर ओढ़े, सोया है आसमान
पर टिमटिमाते तारे सुनाते है कुछ नई दास्तान।

जब फोन रखकर नेत्रा जल्दी सोने का अभिनय करती है
तब उसकी दीदी भी उससे चुप्पी साधने का निवेदन सविनय
करती है।

दोनों कम्बल ओढ़कर निहारती है मोबाइल
रील्स और शॉट्र्स देखकर करती है स्माइल।

नज़र लगा रहा है कोई चांद को एक रहस्यमई यंत्र से
कौन पालता है शौक इतने विचित्र से।

रहस्यमई नही चमत्कारी है यह यंत्र जिसका नाम है
टेलीस्कोप
कहता है मुझसे खगोलशास्त्री जॉन होप।

ऋषि और नेहा गप्प मार रहे है
चांद की चांदनी में कुछ छिपा रहे थे।

यह कुछ बातें सिर्फ रात जानती है
क्योंकि राज़ छिपाना वो अपना धर्म मानती है।

36. चाशनी

आपे में रहते हो तो वो बोलते हो जो बतलाना चाहते हो
पर जब आपा खोते हो तो वो कहते हो जो बातें तुम दिल
से मानते हो।

ज़हर उगलते हो, दिल दुखाते हो
सच कहते हो, और वो तो कड़वा होता है।

झूठी तारीफें सुनने का आदि है यह ज़माना
सच बोलने पर चुकाना होता है जुर्माना।

तुम गुस्से में लोगों को आईना दिखाते हो
लाखों काँटे बरसाते हो, कोहराम मचाते हो।

मन में दबाई बातें ज़हन में दफन किये राज़,
सारे अनकहे जज़्बात बाहर आ जाते है।

सबका मन लोहे सा होता है
उसपर सोने की परत चढ़ा देने से वो सोना नहीं बन जाता।

हम लोगों की नज़रों में अच्छा बनने के लिए है, हर शब्द
चाशनी में डुबोकर बोलते है
पर जब गुस्सा आता है, तो वो चाशनी नीम का रस बन
जाती है।

जो स्वाद में जितनी बुरी, सेहत के लिए उतनी ही अच्छी होती है।

जो स्वाद में जितनी बुरी, सेहत के लिए उतनी ही अच्छी होती है।

37. आंधी

मैं आतीत की गलियों में टहल रही थी
थोड़ी देर तो वहां कोई चहल-पहल नहीं थी।

फ़िर यादों की सुकुन भरी हवाएँ बहने लगी
उनमें यादगार लम्हों का इत्र भी घुलने लगा।

पर अचानक से वो हवा आंधी बन गई
घने बादलों से धूप भी डर गई।

इत्र का तो वजूद ही मिट गया
और सब एक चित्र सा थम गया।

आँधी अपने पीछे तबाही छोड़ गई
सब कुछ तहस-नहस कर गई, मेरा घरौंदा तोड़ गई।

पर फिर नवनिर्माण की बरसात हुई
और मैं सब ठीक करने में जुट गई।

तब मुझे एहसास हुआ कि मैं कितनी मज़बूत हुं
आज चाय की चुस्कियाँ लेते हुए सोच रही थी कि मेरा
घरौंदा क्यों टूटा होगा?

तो मन से एक आवाज़ कहती है

'क्योंकि तुम हमेशा से महल की हक़दार थी'!

38. ख़ामोश मोहब्बत

गुलाब को निहारू और उसके गुलाबी रंग को महफ़ूज़ रखने
की कोशिश करूं
एक शख्स है, जिसकी हर सांस मैं महसूस करने की कोशिश
करूं।

उसके आते ही बदल जाते है मिजाज़
हर बात में झलकने लगता है शायराना अंदाज़।

क्या है यह सब किसी रिवायत के दस्तूर?
मेरी आंखों में चमक आ जाती और चेहरे पे नूर।

उसकी धड़कनों की आहट मीलों से सुनाई देती है
उसकी छवियों की तस्वीर हर पल दिखाई देती है।

धुंधले धुएं सा है कुछ हमारे दरम्यान
तनहाई की धूल मिटाना नहीं है आसान।

एक कोहरे में लिपटी है हमारी दास्तान
अनछुआ रहने का जिसका है फ़रमान।

ख्वाइश है, कि उसके रूह की परछाई बन जाऊ
काया से उसके मेरा कोई वास्ता नहीं।

चाहत है कि उसके एहसासों का इत्र बन जाऊं
इल्म से उसके मेरा कोई रिश्ता नहीं।

पर मोहब्बत जब मेरी कैद हुई डर के शीशों में
छिप गई वो किताबों के पन्नों में।

सिल गए मेरे होंठ और सुनसान पड़ गए सारे शब्दों के
शमशान अनसुनी ही रह गयी मेरी ख़ामोश मोहब्बत की
दास्तान।

39. पैग़ाम

तेरे एहसासों के घरौंदों में सांस ले रहे थे मेरे जज़्बात
चाहत थी बतलाने की, पर मुनासिब नहीं थे हालात।

इज़हार करने से कतराती माशूका की है एक शिकायत
खामोश रहना क्यों है मोहब्बत की रिवायत?

नजदीकियां कम करने की जो हुई है हिमाकत
खफा है आशिकी, बयां करती है यह नज़रों की नज़ाकत।

मेरे दिल का चैन हुआ है तुम्हारे नैनों के साथ इस कदर
रुकसत
कि अब तो उसे मिलती है सिर्फ़ उनकी खातिर धड़कने की
फुरसत।

जब से हुआ है मुझे तुम्हारे आसपास होने का इलहाम
तब से मिलते है बस तुम्हारी मौजूदगी के पैग़ाम।

कभी हमारी रूह थी महज़ अग्यार
और अब रहती है सदा मुलाकातों को बेकरार।

इन चंद इजलासों के लम्हों का जो होता है खुमार
उनका असर होता है बेशुमार।

40. कुरबत

किसीकी कुरबत की महक मैंने महसूस की है आज पहली दफा
चाहत है कि इससे लिपट जाऊँ सौ मरतबां।

उसीकि निगाहें ता-उम्र निहारती रहूं
उसीकी छुअन को हमेशा दुलारती रहूं।

आज है मेरी तनहाई की शहादत
मिली है मुझे, इश्क़ करने की इजाज़त।

आगाज़ हुआ है रगबत के कारोबार का
जिसमे मुनाफा, निस्बत का नूर है।

ए मेरे तिश्नगी-ए-दिल थोड़ा सब्र कर
तुझे बुझाने इश्क का परिस्तार आएगा कोई।

ए मेरे सोज़-ए-यकीन तेरी इल्तिज़ा भी होगी मुकम्मल
जब मेरे महबूब का तार आएगा कोई।

41. ख्वाइशें

कागज़ी नाव नकली होकर भी ढेरों अरमान ढोती है
कई नादान ख्वाइशें संग लेकर बहती है।

फिर तू तो इंसान है, उम्मीदों को जिंदा रख
ऊंचा उड़ने का हौसला रख।

अपनी खूबियों को निखार
और कमियों को परख।

नाविक बनकर अपनी सपनों की नदियों में विहार कर
उसकी गहराइयों से न डर।

उन्हें पार करने की ठान
अपनी मेहनत को एक खूबसूरत सफर मान।

फिर पंछी बनकर उड़ने का प्रयास कर
आसमान का मुआयना कर।

ताकि सपनों की गहराइयों के साथ, तू अपनी क्षमता की
ऊंचाई को भी नाप ले।

42. सुकून

सुकून तो है नदी किनारे इस छोटे से गांव में
वन के वृक्षों की इस शीतल छांव में !

धूप की छुअन से बहता पानी गुनगुनाए
रोशनी की चमक से उसकी मुस्कान टिमटिमाए।

सारे फूल उसे देखकर खिलखिलाए
मछलियां भी खुशी से फूले ना समाए।

नए दिन की नई उर्जा और उत्साह
मिली हो जैसे भटके पथिक को नई राह।

खोई है शांति इन शोर भरे शहरों में
शीशमहल से इन खोखले घरों में।

चाहती हूं दुनियादारी के शोर में अपनी आवाज़ सुनना
और निसर्ग का नूरानी चेहरा पढ़ना।

पेड़-पहाड़ों में खोकर संगीत सुनना
अपनी धड़कनों के धागों से एक कपड़ा बुनना।

प्राकृतिक ध्वनियों से उसपर कढ़ाई करना
और उसे ओढ़कर, सुकून महसूस करना।

43. करीब

किसीके इतना करीब न जाओ
कि ठीक से सांस भी न ले पाओ।

किसिका ज़िक्र इतनी दफा मत करो
कि अपनी ही फिक्र करना भूल जाओ।

किसीसे प्रभावित होकर उनकी परछाई न बनो
किसीको आदर्श मानकर खुद का अस्तित्व न भूलो।

किसीके करीब जाकर हम उसके साथ
रिश्ते में क्यों बंध जाते है?

रिश्तों में बंधा नही जाता,
रिश्तों को तो जिया जाता है।

मोहब्बत के नाम पर यूं किसिमें शामिल नहीं हुआ जाता
थोड़ी दूरी बनाकर, उनकी स्वतंत्रता का आदर रखते हुए,
उन्हें अपनाया जाता है।

44. पहचान

आसमान कभी भी चांद से उसकी चंद्रिका नहीं छीनता
उसके सामने चांदनी को छोड़ देने की शर्त नहीं रखता।
ना हमसे उपनाम बदलने को कहता है
और ना ही पेशा बदलने की मांग रखता है।
हमें चाहने वाला कभी हमसे हमारी पहचान बदलने को नहीं
कहता
भेंट के रूप में हमारे वजूद की बलि चढ़ाने को नहीं कहता।
माटी भी पेड़ को कभी अपना स्वरूप बदलने को नहीं कहती
गुलाब को कांटों के साथ अपनाती है।
न हमसे हमारा वज़न घटाने को कहता है
और न ही हमसे हमारा कद बढ़ाने को कहता है।
हमें चाहने वाला कभी हमसे हमारी पहचान बदलने को नहीं
कहता
भेंट के रूप में हमारे वजूद की बलि चढ़ाने को नहीं कहता।

45. आज़ादी

अपनी रूह को अरमानों के तालाब में तैरने देना
उसे बेफिक्र होकर ख्वाबों के आसमान में उड़ने देना,
' लोग क्या कहेंगे ' इस वाक्य पर विरंजक लगाना
किसीकी टीका- टिप्पणी पर ध्यान न देना,
सही शब्दों में आज़ादी कहलाती है
यह सही मायनो में ज़िंदगी जीना सिखाती है।
नाकामयाबी रूपी ज़ुकाम हो जाने के डर से
नए अनुभवों की बारिश में खुद को भीगने से न रोकना,
घड़ी के कांटों की रफ्तार से डरकर, समय सीमा के भय से
अपनी रचनात्मकता पर अंकुश न लगाना,
सही शब्दों में आज़ादी कहलाती है
यह सही मायनो में ज़िंदगी जीना सिखाती है।

46. अहम

भावनाओं की नदियों का प्रवाह रोके
अपनत्व मिटाने वाले हवाओं के झोंके।

बिभत्स की ऊन से निर्मित गलीचे
घमंड की खुशबू से भरे बगीचे।

और मेलमिलाप के फूलों से रहित बागान
अहम कहलाता है।
व्यक्ति का व्यक्तित्व जो स्पष्ट रूप से व्यक्त न होने दे
क्रोध के कपाट जो कभी खुलने न दे।

करुणा की लहरों को जो हृदय में बहने न दे
इर्ष्या और निराशा की दुर्गंध।

मानवता की मात्राओं में दुखों का अशुभ हलंथ
अहम कहलाता है।

47. नज़ारे

कुछ नज़ारे नज़रों को दूर से ही सुहाते है
क्योंकि गुलाब को पाने की चाह में कांटे हमें रुलाते है।
जैसे कुछ रिश्तें हम दूर से ही निभाते है
क्योंकि दिए के नज़दीक जाने से, उसकी सुन्दर रोशनी
जलने के घाव दे जाती है।
ज़मीन का आसमान से मिलन महज़ पानी की सतह पर
होता है
परछाई का अपने मालिक से परिचय सिर्फ रोशनी के साए
में ही होता है।

बादलों की पहाड़ से दोस्ती सिर्फ़ क्षितिज पर ही होती दिखती
है
इन सबकी मुलाकात महज़ नज़रों का धोखा होती है।
यही मुनासिब है
क्योंकि इनकी कुर्बत क़यामत ला सकती है।
यह वो सपने है जो हकीकत नहीं बनाए जाते
यह वो पकवान है जो थाली में नहीं परोसे जाते।

48. मेहनत

यह ज़माना मेरा मुखालिफ है
क्योंकि मैं इससे मुख्तलिफ हूं।

वो कहते है मैं मुनाफिक हूं
पर मैं तो अपने सपनों की आशिक़ हूं।

यह मुल्क नहीं, मेरा मौला जानता है मैं कितनी मुख्लिस हूं
इनायत नहीं, मैं एहतिराम की मुफलिस हूं।

इबादत गैर काबिल -ए -एतबार होती है
उससे उम्मीद नहीं की जाती नफा की।

किस्मत भी होती है बेगर्ज
उससे आशा नहीं रखते वफ़ा की।

इबादत के भरोसे रहना और किस्मत को कोसना
बेकार की बात है, हमे चाहिए कि हम जाने बस मेहनत
करना।

49. माना कि

माना कि आप हमेशा हर किसीको खुश नहीं कर सकते
पर अपनों की उम्मीदों पर खरा उतरने की चाहत तो रख
ही सकते है न?

अपनों की तरह सबको अपनेपन का एहसास तो नहीं दिला
सकते
पर 'तू ठीक है न?' यह पूछकर झूठी ही सही, फिक्र तो
जता ही सकते है न?

माना कि माँ की ममता का भाव अमूल्य है
पर मानवता की भावना भी अतुल्य है?

माना कि माँ की गोद में हर दर्द पिघल जाता है
पर दोस्त को सीने से लगाकर भी तो आधा डर निकल
जाता है ?

माना की दुनिया में बड़े बदलाव लाना असंभव है
पर खुद छोटा सा परिवर्तन लाने की कोशिश तो कर ही
सकते है न?

माना की दुनिया में हर इंसान बहुत अच्छा नही होता
पर जितना हम सोचते है, हर अनजान उतना बुरा नही
होता।

50. मुलाकात

सांसारिक कोलाहल से दूर
शांतिपूर्ण वातावरण से भरपूर।

इन मुतमइन नदी किनारों के खास तसूर को तासीर नायब
है
इन इतराती लहरों की आहट और बहती हवाओं की
मुस्कुराहट लाजवाब है।

हां, अपने करीबियों की कुरबत से मरहूम हूं
पर इस हसीन खामोशी के आगोश में, मैं महफ़ूज़ हूं।

एक अरसे के बाद आज खुद से मिलने का एहसास हुआ
जैसे मुस्तजाब हुई हो कोई दुआ।

मेरी मुझसे आज मुलाकात हुई
मेरे व्यक्तित्व की मेरे वजूद के साथ बैठक हुई।

एक घर में बरसों से रह रहे, २ अजनबी आज आपस में
मिले है
एक बाग में २ खूबसूरत फूल साथ खिले है।

इनकी ये भेंट है हुई, क्योंकि कोई है नहीं इनके दरमियान
वरना २ तलवारों का एक म्यान में रहना, थोड़ी होता है

आसान।

51. खूबसूरती का खुमार

दो ऋतुओं बाद जब हरियाली की इद्दत खत्म हुई
तो बरसात भी काफी शिद्दत से हुई।
पहाड़ों पर छाने लगा खूबसूरती का खुमार
मिल गए हो जैसे उसे सारे इख्तियार।
नीले मेघों का ताज पहनकर
ठंडी हवाओं की साड़ी ओढ़कर,
सरिता की लहरों को पाज़ेब बनाकर
आज पहाड़ियां अप्सरा बन गई है।
विपिन के घर आज संपत्ति चली आई
बारिश और बरखा की बाहर जो है आई।
उपवन के निवासियों में प्रसन्नता है छाई
मुरझाई पत्तियों में नई उमंग है आई।
सूरज है कनखियों से ताक रहा
और घाटियों में छाई हरी तरंगें।